JOHN ATKINSON

creator of *Wrong Hands*

如何假装读过
一百本名著

伪文青实用指南

［加拿大］约翰·阿特金森 编绘
孙鹏 译 后浪漫 校

后浪出版公司

湖南美术出版社
全国百佳图书出版单位

献给迪兰、雅克布和马德兹

"经典",指人人称赞却没人会读的书。

——马克·吐温

《尤利西斯》

詹姆斯·乔伊斯

都柏林,这事那事,
没完没了的长句子。

《白鲸记》
赫尔曼·梅尔维尔

人与鲸斗。

鲸赢了。

《战争与和平》

列夫·托尔斯泰

所有人都很难过。

总是下雪。

《贝奥武夫》

佚名

英雄杀了怪物。

这事那事。

巨龙杀了英雄。

《雾都孤儿》

查尔斯·狄更斯

孤儿想得到更多。

但他得不到。

等等，他得到了。

《瓦尔登湖》

亨利·戴维·梭罗

一个人在野外坐了两年。

什么事都没发生。

《麦克白》

威廉·莎士比亚

老妇人们说服一个男人毁掉了苏格兰。

《美丽新世界》

阿道司·赫胥黎

人人都很嗨。

什么事也没办成。

《追忆逝水年华》

马塞尔·普鲁斯特

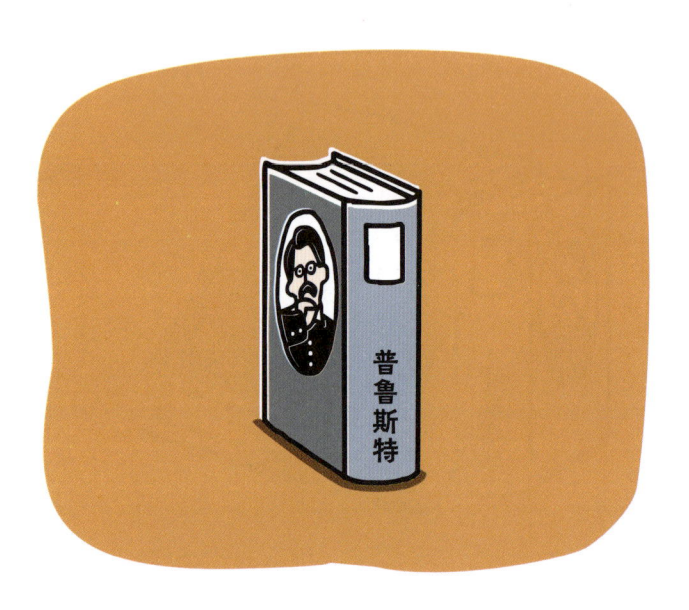

蛋糕的味道让一个人陷入了回忆。

回忆了足足四千页。

《太阳照常升起》

欧内斯特·海明威

迷惘的一代醉倒了。

他们依旧迷惘。

《裸体午餐》

威廉·巴勒斯

海洛因真的可以把你弄疯。

不管怎么说,来场放纵的派对吧。

《道林·格雷的画像》

奥斯卡·王尔德

如果外貌能杀人,

它多半会杀。

《卡拉马佐夫兄弟》

费奥多尔·陀思妥耶夫斯基

三兄弟都很好斗，

正如他们的父亲。

还有俄罗斯。

《杀死一只知更鸟》

哈珀·李

孩子不懂种族主义。

大人也不懂。

《麦田里的守望者》

J.D. 塞林格

坏脾气的少年一直在抱怨。

他有一顶红帽子。

《仙后》

埃德曼·斯宾塞

"怎样才能不做混蛋?"

专为骑士而作。

《动物农场》

乔治·奥威尔

四条腿的好，两条腿的坏。

后来四条腿的也变坏了。

《傲慢与偏见》

简·奥斯汀

女孩讨厌有钱的贵族。

等等，不，她不讨厌。

《奥德赛》

荷马

老兵总是回不了家，
于是杀了所有人。

《伊利亚特》

荷马

不是《奥德赛》的那本。

《堂吉诃德》

米格尔·德·塞万提斯

有个家伙攻击风车。

还有，他疯了。

《罪与罚》

费奥多尔·陀思妥耶夫斯基

杀人犯感觉很不好。

于是坦白了罪行,进了监狱。

感觉好多了。

《第 22 条军规》

约瑟夫·海勒

战争是疯狂的,除非你也疯了。

或者也可能不是这样。

《黑暗的心》

约瑟夫·康拉德

殖民主义把一切都毁了。
还有些关于丛林的隐喻。

《理想国》

柏拉图

一场非常、非常漫长的市议会会议。

苏格拉底也在场。

《呼啸山庄》

艾米莉·勃朗特

一对称得上兄妹关系的男女相爱了。

一切都雾蒙蒙的。

《鲁滨逊漂流记》

丹尼尔·笛福

旧日版《吉利根岛》*。

*《吉利根岛》是 20 世纪 60 年代的美国喜剧,主要讲述 7 名男女荒岛求生的故事。

《珍珠》

约翰·斯坦贝克

拥有珍宝是很容易出问题的。

《愤怒的葡萄》

约翰·斯坦贝克

种地太无聊了。开车去旅行吧!

开车旅行太无聊了。

《永别了，武器》

欧内斯特·海明威

战争中没有赢家。

也没有多少形容词。

《古舟子咏》

塞缪尔·泰勒·柯勒律治

老水手杀了一只鸟,
后来又打断了一场婚礼。

《奥赛罗》

威廉·莎士比亚

一条丢失的手帕

毁掉了所有人的关系。

《在路上》

杰克·凯鲁亚克

战争结束后的美国

复杂而压抑。

喝点儿酒就好了。

《坎特伯雷故事集》
杰弗雷·乔叟

中世纪版的

《99 瓶啤酒》*。

---

*《99 瓶啤酒》是 20 世纪流行于美国和加拿大的民谣,适合在团体旅行时演唱来打发时间。

带色情和屎尿屁笑话的那种。

《神曲：炼狱》

但丁·阿利盖利

地狱之门大开。

《彼得·潘》

J. M. 巴里

一群孩子和一只鳄鱼

对一位截肢者纠缠不休。

《金银岛》
罗伯特·路易斯·史蒂文森

寻宝之旅出了问题。

后来没问题了。

然后又出问题了。最后又没问题了。

《弗兰肯斯坦》

玛丽·雪莱

怪物也是人。

吉姆的脑袋

沃尔特的头发

加里的脑子

萨利的耳朵

弗雷德的鼻子

鲍勃的眼睛

露西的胳膊

一块块的人。

《格列佛游记》

乔纳森·斯威夫特

倒霉的水手被困在各种地方，这些地方充满了社会政治隐喻。

《1984》

乔治·奥威尔

对反乌托邦未来的展望

（这个未来如今被称为"星期二"）。

《远大前程》

查尔斯·狄更斯

可怜的男孩得到了逃犯的资助。

老小姐一点儿忙没帮上。

《哈克贝利·芬历险记》

马克·吐温

男孩乘木筏旅行，

欢乐不断。

还有奴隶制的事。

《埃涅阿斯纪》

维吉尔

愤怒的神祇让一个男人去往意大利的旅程变成了一场史诗级的磨难。

《还乡》

托马斯·哈代

本地男人还乡,
把一切都毁了。

《理智与情感》

简·奥斯汀

两姐妹找夫婿，

其中一人生了病。

《审判》

弗兰兹·卡夫卡

一个家伙被起诉了。

没人知道为什么。

我们也不知道。

《爱玛》

简·奥斯汀

爱管闲事的女子

逼着所有人结婚。

《魔戒》

J.R.R. 托尔金

中土世界波澜壮阔的
珠宝退换制度。

《了不起的盖茨比》

F. 司各特·菲茨杰拉德

富有又自私的人在一起玩儿。

还有美国梦什么的。

《李尔王》

威廉·莎士比亚

老国王发了疯。

大家都死了。

《伊凡诺夫》

安东·契诃夫

有个人痛恨一切。

结了婚,又自杀了。

《萨勒姆的女巫》

阿瑟·米勒

寻找女巫的行动变成了一场政治迫害。

《伊坦·弗洛美》

伊迪丝·华顿

这个农民的生活简直糟糕透顶。

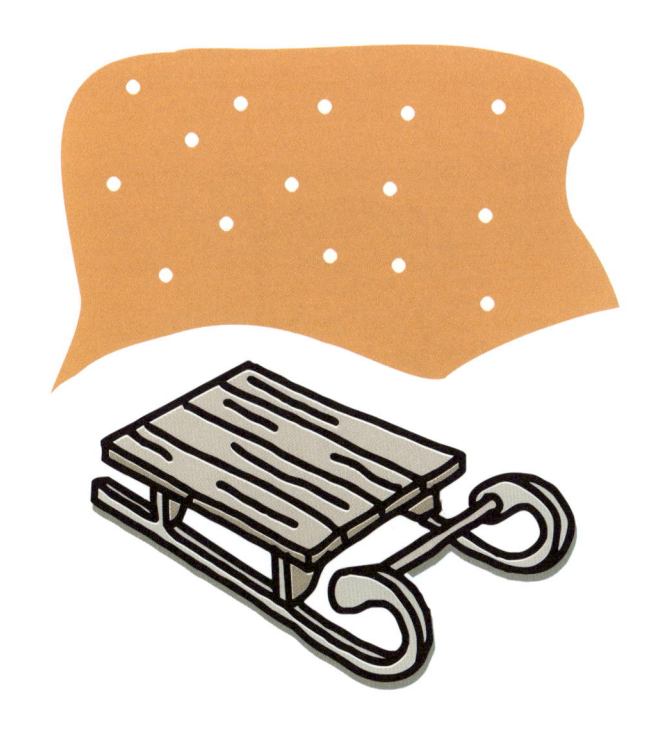

看，有架雪橇！

《安娜·卡列尼娜》

列夫·托尔斯泰

这个女人有了一段婚外情，没过多久便结束了。

然后来了一列火车。

《简·爱》

夏洛蒂·勃朗特

职场恋情引发了一场火灾。

《第十二夜》

威廉·莎士比亚

调换身份与服装

导致了混乱与婚姻。

《达·芬奇密码》

丹·布朗

艺术品中藏着秘密。

结婚
戒指？

耶稣的秘密。

《罗密欧与朱丽叶》

威廉·莎士比亚

年轻的恋人相约自杀。

等一下,他们没有死。

好吧，现在他们死了。

《奥多芙的神秘》
安·拉德克利夫

哥特风格的灵异故事。

有许多秘密通道和昏迷事件，还有标点符号。

《红字》

纳撒尼尔·霍桑

一个关于通奸、讽刺与刺绣的清教徒故事。

《小妇人》

露易莎·梅·奥尔柯特

四姐妹都结婚了。

除了贝丝。

《天路历程》

约翰·班扬

一个名叫"基督徒"的人走上通往天堂之路。

大概意思你懂的。

《包法利夫人》

居斯塔夫·福楼拜

感到无聊的女人行为不端，后来自杀了。

《局外人》

阿尔贝·加缪

母亲死了。局外人死了。

存在主义长存。

《到灯塔去》

弗吉尼亚·伍尔芙

男孩想去看灯塔。

十年后，他看到了。

《变形记》

弗兰兹·卡夫卡

有个人变成了一只巨型甲虫。

这是某种隐喻。

《等待戈多》

塞缪尔·贝克特

还在等着。

《哈姆雷特》

威廉·莎士比亚

为父亲报仇的家伙郁郁寡欢,牢骚满腹,不知该杀谁。

《人鼠之间》

约翰·斯坦贝克

有两个流浪汉。

笨的那个总是杀死柔弱的东西。

结果被聪明的那个杀死了。

《洛丽塔》

弗拉基米尔·纳博科夫

男孩遇到了女孩。

只不过男孩 37 岁了，女孩才 12。

《源泉》

安·兰德

搞建筑的怪人为所欲为

而且喋喋不休。

《俄狄浦斯王》

索福克勒斯

一场关于弑父、乱伦与自残的戏剧。

《使女的故事》

玛格丽特·阿特伍德

残酷的父权制度
控制女性的身体。

这本书讲的也是这件事。

《一个青年艺术家的肖像》

詹姆斯·乔伊斯

爱尔兰小伙在信仰与性爱之间进退两难。

所以他成了作家。

《绿野仙踪》

L. 弗兰克·鲍姆

少女穿着魔法鞋

踏上艰难的奇幻旅程。

《理查三世》

威廉·莎士比亚

一个混蛋杀人如麻,直到他当上了国王(参见《麦克白》)。

《失乐园》

约翰·弥尔顿

上帝允许自由意志，
直到你把事情搞砸。

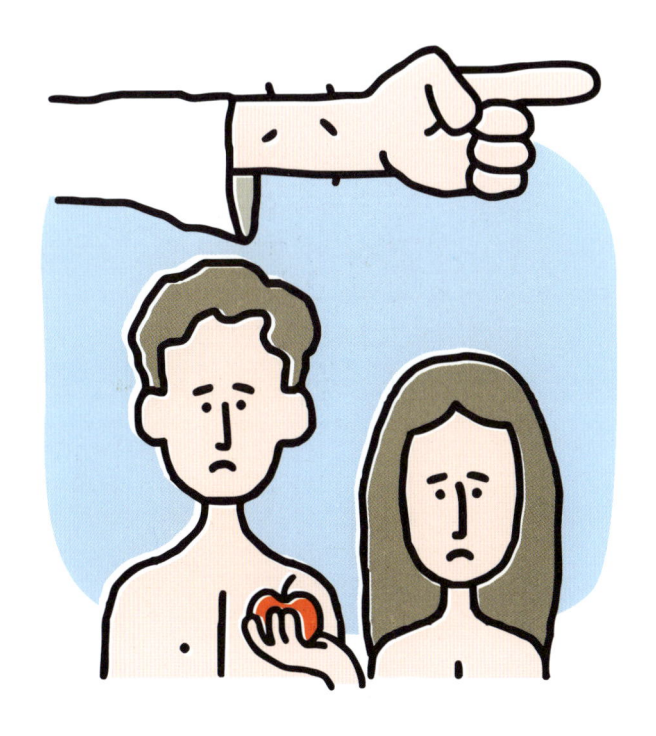

然后被他放逐。

《狮子、女巫与魔衣橱》

C. S. 刘易斯

狮子在衣橱里吃掉了女巫,几个孩子见证了一切。

狮子就是耶稣。

《巴黎圣母院》

维克多·雨果

畸形的社会里

一个畸形的敲钟人。

《基督山伯爵》

亚历山大·仲马

一个男人逃出监狱,杀光了把他送进监狱的人。

《荒原》

T. S. 艾略特

一位现代主义者把对
更先进的社会的渴求，

写成了一首让所有人
都觉得自己很蠢的诗。

《红色英勇勋章》

斯蒂芬·克莱恩

年轻的战士成了英雄，但他其实并不是。

后来他又是了。

《人猿泰山》

埃德加·赖斯·巴勒斯

是人？是猿？

是人猿！

《钟形罩》

西尔维娅·普拉斯

年轻女孩试图融入社会。

她失败了。

《摩尔·弗兰德斯》

丹尼尔·笛福

女贼骗了所有人。

改过自新。成了富人。

怎样?

《三个火枪手》

亚历山大·仲马

三个戴着大号羽毛帽子的男人持剑战斗。

后来又出现了另一个男人。

《夏洛的网》

E. B. 怀特

聪明的织网者拯救了一头猪。

《裘力斯·凯撒》

威廉·莎士比亚

一个关于背后捅刀子的故事。

里面真的有捅刀子。

《赣第德》

伏尔泰

生活太糟糕了。

但园艺很有趣!

《君主论》

尼科洛·马基雅维利

如何在不得人心时赢得盟友。

以及如何通过杀人

树立权威。

《丛林之书》

鲁德亚德·吉卜林

野性男孩把森林搞得一团糟，然后回家了。

《乌鸦》

埃德加·爱伦·坡

一只鸟飞进了一个人的家,把他惹急了。

《蝇王》

威廉·戈尔丁

孤岛上的男孩们

什么也做不好。

除了自相残杀。

《绿山墙的安妮》

露西·莫德·蒙哥马利

红发孤儿的荒唐举止让大家很不满。

后来他们又没事了。

《老人与海》

欧内斯特·海明威

老人家的晚餐

被鲨鱼吃了。

《汤姆·琼斯》

亨利·菲尔丁

轻佻的孤儿长大了。

办了不少荒唐事。

《达洛维夫人》
弗吉尼亚·伍尔芙

派对策划者在一天的最后迎来了一场派对。

还有一次自杀。

《华氏451》

雷·布拉德伯里

"消防员"记住书的内容。

人们制造麻烦。

世界爆炸了。

《北回归线》

亨利·米勒

一个混蛋在 19 世纪 30 年代来到了巴黎。

《少年派的奇幻漂流》

扬·马特尔

男孩与老虎一同漂流。

老虎或许是人。或许谁也不是。或许是上帝。

《圣经》

佚名

要么善良,要么倒霉。

致谢

感谢提供词汇的字典

以及所有将词汇排列成有趣顺序的作者们。

关于作者

约翰·阿特金森居住在加拿大渥太华。他酷爱阅读麦片盒上的文字与微波炉使用说明，以及其中的潜台词。约翰饱受一个反复出现的梦的困扰。在梦中，他总是因为汽车故障而错过了文艺复兴。他还宣称自己发明了"我在火车上吃了根香蕉"这个说法，但大家都说根本没有这种说法。

约翰的漫画作品《错手》在全世界许多网站与纸质出版物上发表，并经常刊于《时代》杂志。

ABRIDGED CLASSICS, Copyright © 2018 by John Atkinson. Published by arrangement with Harper Design, an imprint of Harper Collins Publisher.

本书中文简体版权归属于银杏树下（北京）图书有限责任公司。
著作权合同登记号：图字 18-2020-168
版权所有，侵权必究

图书在版编目（CIP）数据

如何假装读过一百本名著：伪文青实用指南 /（加）约翰·阿特金森编绘；孙鹏译. —— 长沙：湖南美术出版社，2021.2（2024.2 重印）
ISBN 978-7-5356-9345-7

Ⅰ. ①如… Ⅱ. ①约… ②孙… Ⅲ. ①名著 - 世界 - 青年读物 Ⅳ. ①Z835-49

中国版本图书馆 CIP 数据核字 (2020) 第 212367 号

如何假装读过一百本名著：伪文青实用指南
RUHE JIAZHUANG DUGUO YIBAI BEN MINGZHU: WEIWEN-QING SHIYONG ZHINAN

出 版 人：	黄　啸
编　　绘：	[加]约翰·阿特金森
译　　者：	孙　鹏
出版策划：	后浪出版公司
出版统筹：	吴兴元
责任编辑：	贺澧沙
特约编辑：	邸　仪
营销推广：	ONEBOOK
装帧制造：	墨白空间·张　萌
出版发行：	湖南美术出版社　后浪出版公司 （长沙市东二环一段 622 号）
印　　刷：	天津联城印刷有限公司 （天津市宝坻区新安镇工业园区 3 号路 2 号）
字　　数：	5 千字
开　　本：	889×1194　1/32
印　　张：	5
版　　次：	2021 年 2 月第 1 版
印　　次：	2024 年 2 月第 5 次印刷
书　　号：	ISBN 978-7-5356-9345-7
定　　价：	49.80 元

读者服务：reader@hinabook.com 188-1142-1266
投稿服务：onebook@hinabook.com 133-6631-2326
直销服务：buy@hinabook.com 133-6657-3072
网上订购：https://hinabook.tmall.com/（天猫官方直营店）

后浪出版咨询(北京)有限责任公司　版权所有，侵权必究
投诉信箱：editor@hinabook.com　fawu@hinabook.com
未经许可，不得以任何方式复制或者抄袭本书部分或全部内容
本书若有印、装质量问题，请与本公司联系调换，电话 010-64072833